AF340436

BIBLIOTHEQUE

CHRÉTIENNE ET MORALE

approuvée

PAR Mgr L'ÉVÊQUE DE LIMOGES

7ᵉ SÉRIE.

Tout exemplaire du présent ouvrage qui ne
sera pas revêtu de notre signature sera réputé
contrefait, et poursuivi conformément aux lois.

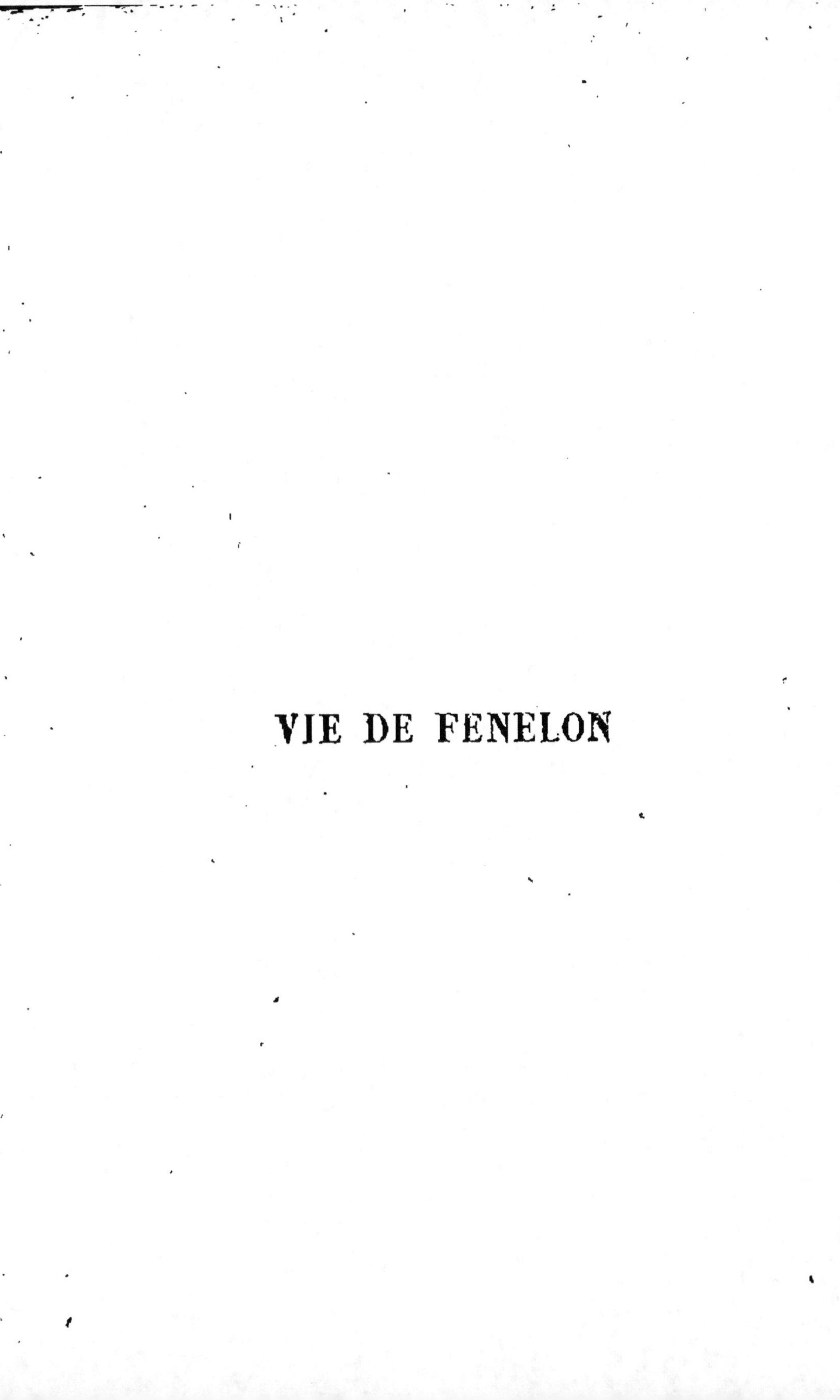

VIE DE FENELON

VIE

DE FÉNELON

LIMOGES

LIMOGES. — IMPRIMERIE DE BARBOU FRÈRES

VIE DE FÉNELON

Fénelon (François de la Mothe) naquit au château de Fénelon en Périgord, le 6 août 1651, d'une maison ancienne et distinguée dans l'État et dans l'Église. Des inclinations heureuses, un naturel doux, joint à une grande vivacité d'esprit, furent les présages de ses vertus et de ses talents.

Le marquis de Fénelon son oncle, lieutenant-général des armées du roi, homme d'une valeur peu commune, d'un esprit orné et d'une piété exemplaire, traita cet enfant comme son propre fils, et le fit élever sous ses yeux à Cahors.

Le jeune Fénelon fit des progrès rapides ; les études les plus difficiles ne furent pour lui que des amusements. Dès l'âge de dix-neuf ans il prêcha et enleva tous les suffrages.

Le marquis, craignant que le bruit des applaudissements et les caresses du monde ne corrompissent une âme aussi bien née, fit prendre à son neveu la résolution d'aller se fortifier dans la retraite et le silence. Il le mit sous la conduite de l'abbé Tronson, supérieur de Saint-Sulpice à Paris.

A vingt-quatre ans, il entra dans les ordres sacrés, et exerça les fonctions les plus pénibles du ministère dans la paroisse de Saint-Sulpice. Harlay, archevêque de Paris, lui confia, trois ans après, la direction des Nouvelles-Catholiques. Ce fut dans cette place qu'il fit les premiers essais du talent de plaire, d'instruire et de persuader.

Le roi ayant été informé de ses succès, le nomma chef d'une mission sur les côtes de Saintonge et dans le pays d'Aunis. Simple à la fois et profond, joignant à des manières douces une éloquence forte, il eut le bonheur d'opérer un grand nombre de conversions.

En 1669, Louis XIV lui confia l'éducation de ses petits-fils, les ducs de Bourgogne, d'Anjou et du Berri. Ce choix fut tellement applaudi, que l'Académie d'Angers le proposa pour sujet du prix qu'elle adjuge chaque année. Le duc de Bourgogne devint, sous un tel maître, tout ce qu'il voulut. Fénelon orna son esprit, forma son cœur, et y jeta les semences du bonheur de l'empire français.

Ses services ne restèrent point sans récompense ; il fut nommé, en 1695, à l'archevêché de Cambrai. En remerciant le roi, il lui représenta, dit madame de Sévigné, « qu'il ne pouvait regarder » comme une récompense une grâce qui » l'éloignait du duc de Bourgogne. » Il ne l'accepta qu'à condition qu'il donnerait seulement trois mois aux princes, et le reste de l'année à ses diocésains. Il remit en même temps son abbaye de Saint-Valery et son petit prieuré, persuadé qu'il ne pouvait posséder aucun bénéfice avec son archevêché.

Au milieu de la haute faveur dont il jouissait, il se formait un orage contre lui. Né avec un cœur tendre et une forte envie d'aimer Dieu pour lui-même, il se lia avec madame Guyon, dans laquelle il ne vit qu'une âme éprise du même goût que lui. Les idées de spiritualité de cette femme excitèrent le zèle des théologiens, et surtout celui de Bossuet. Ce prélat voulut exiger que l'archevêque de Cambrai, autrefois son disciple, alors son rival, condamnât madame Guyon avec lui, et souscrivit à ses *Instructions pastorales.*

Fénelon ne voulut sacrifier ni ses sentiments, ni son amie. Il la mettait au nombre de ces mystiques qui, portant le mystère de la foi dans une conscience pure, ont plus péché dans les termes que dans la chose, aussi savants dans les voies intérieures, qu'incapables d'en instruire les autres avec l'exactitude et la précision que demande la théologie.

Il crut rectifier tout ce qu'on lui reprochait, en publiant son livre de l'*Explication des Maximes des Saints,* 1697.

Le style en était pur, vif, élégant et af-
fectueux, les principes étaient présentés
avec art, et les contradictions sauvées
avec adresse. On y voyait, dit un historien, un homme qui craignait d'être
également accusé de suivre Molinos, et d'abandonner sainte Thérèse ;
tantôt donnant trop à la charité, tantôt
ne donnant pas assez à l'espérance.

Bossuet, qui vit dans le livre de Fénelon quelques rapports avec des asser-
tions déjà condamnées par la proscrip-
tion du *Quiétisme*, s'éleva contre cet ouvrage avec véhémence. Les noms de
Montan et de *Priscille*, prodigués à Fénelon et à son amie, parurent indignes
de la modération d'un évêque. « Bos-
» suet, a dit un bel esprit de ce siècle,
» eut raison d'une manière révoltante,
» et Fénelon mit de la douceur, même
» dans ses torts. »

D'habiles théologiens ont cru que

dans cette dispute, comme dans beaucoup d'autres, il y avait des suppositions
qui n'existaient pas dans la réalité ; que
dans l'amour de Dieu on supposait tantôt des abstractions, des considérations
précisives ou négatives, aussi inutiles
que fatigantes ; tantôt des motifs d'in-
térêts, des espérances explicites et for-
melles, également inconnues au vérita-
ble amour, qui saisit et embrasse inti-
mement son objet, sans tant de raison-
nement et de calcul.

Quoi qu'il en soit, un historien très-
instruit du fond de cette controverse,
rapporte une anecdote qui sert beaucoup à faire connaître Fénelon. « On
» conseilla à Fénelon de faire diversion
» en attaquant à Rome les sentiments
» et les livres de Bossuet, et en les ac-
» cusant de détruire la charité pour
» établir l'espérance. Mais le pieux ar-
» chevêque ne voulut pas user de ré-

» crimination contre un frère ; et com-
» me on l'exhortait à se tenir en garde
» contre les artifices des hommes, que
» l'expérience lui avait si bien appris à
» connaître, il fit cette belle réponse :
» *Moriamur in simplicitate nostrâ*
» (mourons dans notre simplicité). »

Cela ne l'empêcha pas de se défendre comme il le devait, et d'écrire beaucoup pour s'expliquer lui-même. Mais ses livres ne purent empêcher qu'il ne fût envoyé dans son diocèse au mois d'août 1697. Fénelon reçut ce coup sans s'affliger et sans se plaindre. Son palais de Cambrai, ses meubles, ses papiers, ses livres avaient été consumés par le feu dans le même temps, et il l'avait appris avec la même tranquillité.

Innocent XII le condamna enfin en 1699, après neuf mois d'examen : soit que le savant et pieux prélat n'eût pas assez distingué les principes des vrais mystiques d'avec ceux de Molinos ; soit que dans des matières abstraites, cachées dans l'intimité de l'âme et des voies secrètes de Dieu, et dès lors difficiles à traiter sans obscurité et sans équivoques, il n'ait point mis cette exactitude théologique, cette précision d'idées et de langage, que demande la conservation de la foi et de la morale chrétienne.

Le pape avait été moins scandalisé du livre des *Maximes*, que de la chaleur emportée de ses adversaires. Il écrivit à quelques prélats : *Peccavit excessu amoris divini : sed vos peccatis defectu amoris proximi.*

Fénelon se soumit sans restriction et sans réserve ; il ne recourut pas à la distinction du fait et du droit ; il n'allégua pas que les écrits publiés pour sa défense étaient, malgré les efforts de ses adversaires, restés hors d'atteinte. Il fit un *Mandement contre son livre*, et annonça lui-même en chaire sa condamnation.

Pour donner à son diocèse un monument de son repentir, il fit faire pour l'exposition du Saint-Sacrement, *un Soleil porté par deux Anges*, dont l'un foulait aux pieds divers livres hérétiques, sur un desquels était le titre du sien, quoique cette qualification n'eût été donnée à aucune des propositions condamnées.

Après cette défaite, qui fut pour lui une espèce de triomphe, il vécut dans son diocèse en digne archevêque, en homme de lettres, en philosophe chrétien. Il fut le père de son peuple et le modèle de son clergé. La douceur de ses mœurs, répandue dans sa conversation comme dans ses écrits, le fit aimer et respecter, même des ennemis de la France. Le duc de Malborough, dans la dernière guerre de Louis XIV, prit soin qu'on épargnât ses terres.

Il fut toujours cher au duc de Bourgogne, et lorsque ce prince vint en Flandre dans le cours de la même guerre, il lui dit en le quittant : *Je sais ce que je vous dois, vous savez ce que je vous suis.* On prétend qu'il aurait eu part au gouvernement, si ce prince eût vécu.

Le maître ne survécut guère à son auguste élève, mort en 1712; il fut enlevé à l'Eglise, aux lettres et à la patrie, le 7 janvier, en 1715, à soixante-trois ans, et fut généralement pleuré, surtout par Clément IX, qui lui destinait un chapeau de cardinal.

Plusieurs écrits de philosophie, de théologie, de belles-lettres, sortis de sa plume, lui ont fait un nom immortel. On y voit un homme nourri de la fleur de la littérature ancienne et moderne, et animé par une imagination vive, douce et riante.

Son style est coulant, gracieux, harmonieux ; les hommes d'un goût délicat voudraient qu'il fût plus rapide, plus serré, plus fort, plus fin, plus pensé, plus travaillé ; mais il n'est pas donné à l'homme d'être parfait.

Ses principaux ouvrages sont :

Les *Aventures de Télémaque*, composées, selon les uns, à la cour ; et fruit, selon d'autres, de sa retraite dans son diocèse. Un valet de chambre, à qui Fénelon donnait à transcrire cet ouvrage singulier, qui tient à la fois du roman et du poëme épique, en prit une copie pour lui-même. Il n'en fit imprimer d'abord qu'une petite partie, et il n'y en avait encore que 208 pages sorties de dessous presse, lorsque Louis XIV, injustement prévenu contre l'autre, et qui croyait voir dans le livre une satire continuelle de son gouvernement, fit arrêter l'impression de ce chef-d'œuvre; et il n'a pas été permis d'y travailler en France, tant que ce prince a vécu.

Après la mort du duc de Bourgogne, le monarque brûla tous les manuscrits que son petit-fils avait conservé de son précepteur. Fénelon passa toujours à ses yeux pour un bel esprit chimérique et pour un sujet ingrat. Son *Télémaque* acheva de le perdre à la cour de France; mais ce livre n'en fut que plus répandu dans l'Europe. Les malins cherchèrent des allusions, et firent des applications. Ils crurent voir madame de Montespan dans *Calypso*, mademoiselle de Fontanges dans *Eucharis*, la duchesse de Bourgogne dans *Antiope*, Louvois dans *Protésilas*, le roi Jacques dans *Idoménée*, Louis XIV dans *Sésostris*.

Les gens de goût, sans s'arrêter à ces allusions, admirèrent dans ce roman moral toute la pompe d'Homère jointe à l'éloquence de Virgile, tous les agré-ments de la fable réunis à toute la force de la vérité. Ils pensèrent que les prin-ces qui les méditeraient, apprendraient à être hommes, à faire des heureux et à l'être.

« C'est la sagesse elle-même, dit un
» philosophe moderne, qui y donne des
» leçons aux rois et aux peuples, non
» avec cette morgue, cet apprêt ridicule,
» ce verbe suffisant et orgueilleux, si
» fort en usage aujourd'hui, mais avec
» un ton simple et modeste, accompa-
» gné du charme de la vérité : elle en-
» seigne aux rois les moyens de faire
» fleurir leurs empires, de soutenir l'é-
» clat du trône, d'augmenter leur
» gloire, sans les tromper ni les éblouir
» par des projets chimériques, par des
» systèmes destructeurs, par des éco-
» nomies imaginaires : elle leur mon-

» tre la source de l'abondance et du
» bonheur public, dans l'encourage-
» ment de l'agriculture, dans la pro-
» tection active et vigilante du com-
» merce, dans l'abolition du luxe, en
» renfermant chaque individu dans son
» état par de sages lois. Loin de faire
» retentir sans cesse aux oreilles des
» peuples, ce cri turbulent et inquiet
» *d'égalité* et de *liberté*, elle leur dit :
» Vous êtes nés sous l'empire des lois,
» vous avez des maîtres, la patrie vous
» porte dans son sein ; soyez soumis
» aux lois, obéissez à vos maîtres, soyez
» sujets fidèles, aimez votre patrie, et
» songez que la religion, l'honneur,
» votre intérêt personnel, sont des chaî-
» nes sacrées qui vous lient à l'État, et
» que les rompre est un crime. »

Quelques gens de lettres, tels que Faydit et Gueudeville, reprochèrent à l'auteur des anachronismes, des phrases négligées, des répétitions fréquentes, des longueurs, des détails minutieux, des aventures peu liées, des descriptions trop uniformes de la vie champêtre, mais leurs critiques, tombées dans l'oubli, n'ôtèrent rien de son mérite à l'ouvrage critiqué. Elles n'empêchèrent point qu'on en fît, et qu'on en fait depuis un très-grand nombre d'éditions.

Les *Aventures de Télémaque* ont été produites en prose dans toutes les langues de l'Europe, et même en grec et en latin. Elles ont été mises en vers français, mais sans succès, et traduites en vers allemands, en vers hollandais, en vers italiens et en vers latins.

Dialogues des Morts, en deux volumes in-12, réimprimés plusieurs fois en un volume in-12.

Le *Télémaque*, ou, pour mieux dire, les principales réflexions du *Télémaque* avaient été données pour thèmes au duc de Bourgogne ; ces *Dialogues* lui furent donnés pour lui inspirer quelque vertu, ou pour le corriger de quelque défaut. Fénelon les écrivait tout de suite, sans préparation, à mesure qu'il les croyait nécessaires au prince ; ainsi on ne doit pas être surpris s'ils sont quelquefois vides de pensées, si on y trouve des as-sertions peu réfléchies, des imputations mal fondées et pleines de préjugés na-tionaux.

Dialogues sur l'Eloquence en général et sur celle de la chaire en particulier, avec une *Lettre sur la Rhétorique et la Poésie.* Cette Lettre, adressée à l'Acadé-mie française, est un excellent morceau qui ne dépare point les Dialogues. L'au-teur du *Télémaque* avait été reçu dans cette compagnie en 1693, à la place de Pellisson. Il lui fut utile plus d'une fois, par son goût pour les belles-lettres, et par sa grande connaissauce de la langue.

Direction pour la conscience d'un roi, composée pour le duc de Bourgogne.

Abrégé des Vies des anciens philoso-phes, autre fruit de l'éducation du duc de Bourgogne. Cet ouvrage n'est pas achevé.

Un excellent *Traité de l'Education des Filles*.

Des OEuvres philosophiques, ou Démonstration de l'existence de Dieu par les preuves de la nature.

Le duc d'Orléans, depuis régent du royaume, avait consulté, dit l'auteur du *Siècle de Louis XIV*, l'archevêque de Cambrai sur des points qui intéressent tous les hommes. Il demandait si on peut démontrer l'existence de Dieu ; si ce Dieu veut un culte ? Il faisait beaucoup de questions de cette nature en philosophe ; et l'archevêque répondait en philosophe et en théologien.

Des *OEuvres spirituelles.* On y voit un homme consommé dans les voies intérieures, dans la connaissance du cœur et de l'esprit humain ; plus on a réfléchi en chrétien, plus on prend plaisir à les lire, plus on en sent la vérité et la profondeur.

Des *Sermons* faits dans sa jeunesse, et qui sont au rang des productions médiocres en ce genre.

Plusieurs ouvrages en faveur de la constitution *Unigenitus* et du Formulaire. *Quelques autres écrits*, et un grand nombre de *Lettres*.

Les ennemis de l'archevêque de Cambrai ont prétendu qu'il n'avait pris parti contre le jansénisme, que parce que le cardinal de Noailles s'était déclaré contre le quiétisme ; imagination aussi frivole que calomnieuse, directement, opposée avec la vie et le caractère de cet homme célèbre, incapable de son natu-

'rel, et par le genre de sa philosophie, et plus encore par sa religion, d'une si lâche et si odieuse hypocrisie. Pour se convaincre de la sincérité et de l'immutabilité de ses sentiments touchant cette secte, il n'y a qu'à lire la lettre qu'il écrivit la veille de sa mort, et qui se trouve dans ses *OEuvres spirituelles*.

« Je viens de recevoir l'Extrême-
» Onction. C'est dans cet état, où je me
» prépare à aller paraître devant Dieu,
» que je vous prie instamment de re-
» présenter au roi mes véritables senti-
» ments. Je n'ai jamais eu que docilité
» pour l'Eglise et qu'horreur des nou-
» veautés qu'on m'a imputées ! J'ai re-
» çu la condamnation de mon livre
» avec la simplicité la plus absolue.....
» Je prends la liberté de demander à Sa
» Majesté deux grâces, qui ne regardent
» ni ma personne ni aucun des miens.
» La première est qu'elle ait la bonté

» de me donner un successeur pieux,
» régulier, bon, et ferme contre le jan-
» sénisme, lequel est prodigieusement
» accrédité sur cette frontière, etc. L'au-
» tre grâce est qu'elle ait la bonté d'a-
» chever avec mon successeur ce qui
» n'a pu l'être avec moi pour Messieurs
» de Saint-Sulpice. »

Fénelon avait fait, pour les princes ses élèves, une excellente traduction de l'*Enéide* de Virgile ; mais on ne sait ce qu'est devenu le manuscrit. Quelle perte, si cette version était dans le style de Télémaque !

Ramsay, disciple de l'archevêque de Cambrai, a publié la vie de son illustre maître. Le cardinal de Bausset a aussi donné une *Histoire de Fénelon* très-estimée. Les curieux qui la consulteront, ne pourront s'empêcher d'aimer le prélat et de le pleurer.

Fénelon recevait les étrangers aussi

bien que les Français, et ne leur cher-
chait pas de ridicules. « La politesse est
» de toutes les nations, disait-il ; les
» manières de s'expliquer sont différen-
» tes, mais indifférentes de leur na-
» ture. » Quoiqu'il eût beaucoup à se
plaindre de Bossuet, il prit un jour le
parti de ce prélat contre Ramsay, qui ne
rendait pas assez justice à son érudition.

MASCARON.

Mascaron (Jules), fils d'un fameux avocat au parlement d'Aix, naquit à Marseille, en 1634. L'héritage le plus considérable que son père lui laissa, fut son talent pour l'éloquence. Il entra fort jeune dans la congrégation de l'Oratoire, où ses dispositions extraordinaires pour la chaire lui firent bientôt une grande réputation.

Mascaron parut avec éclat d'abord à Saumur. Le fameux Tannegui le Fèvre, touché de son talent qui s'annonçait avec tant d'éclat et de succès, dit un jour : *Malheur à ceux qui prêcheront ici après Mascaron.* Le jeune orateur, s'étant signalé dans les plus grandes villes de la province, se montra à la capitale, et ensuite à la cour, où il remplit douze stations, sans qu'on parût se lasser de l'entendre.

Quelques courtisans crurent faire leur cour à Louis XIV, en attaquant la liberté avec laquelle l'orateur annonçait les vérités évangéliques ; mais ce monarque leur ferma la bouche en disant : *Il a fait son devoir,* faisons le nôtre.

L'évêché de Tulle fut la récompense de ses talents. Le roi lui demanda, la même année 1671, deux Oraisons funèbres : une pour madame Henriette d'Angleterre, et l'autre pour le duc de Beaufort. Comme le prince ordonnait les deux services solennels à deux jours

près l'un de l'autre, le maître des céré-
monies lui fit observer que le même
orateur étant chargé des deux discours
pourrait être embarrassé. *C'est l'évêque
de Tulle,* répondit le roi, *à coup sûr il
s'en tirera bien.*

Au dernier sermon que Mascaron
prêcha avant d'aller à son évêché, il fit
ses adieux. Le roi lui dit : « Vous nous
avez touchés dans vos autres sermons
pour Dieu ; hier, vous nous touchâtes
pour Dieu et pour vous. »

De Tulle, le savant prélat passa en
1678, à Agen, où le calvinisme lui of-
frit un champ proportionné à l'étendue
et à la vivacité de son zèle. Les hérétiques, entraînés par le torrent de son
éloquence, et gagnés par les charmes de
sa vertu, rentrèrent dans le bercail.
L'illustre orateur eut, dit-on, la conso-
lation de ne laisser à sa mort que 2,000
calvinistes endurcis dans leurs erreurs,

de 30,000 qu'il avait trouvés dans son diocèse.

Mascaron parut pour la dernière fois à la cour en 1694, et y recueillit les mêmes applaudissements que dans les jours les plus brillants de sa jeunesse. Louis XIV en fut si charmé qu'il lui dit : *Il n'y a que votre éloquence qui ne vieillit point.*

De retour dans son diocèse, il continua de l'édifier et de le régler jusqu'à sa mort, arrivée en 1703, à soixante-neuf ans. Sa mémoire est encore chère à Agen par l'hôpital qu'il y fonda. La piété de ce vertueux évêque allait jusqu'au scrupule. Ayant été ordonné prêtre par Lavardin, évêque du Mans, qui avait déclaré en mourant qu'il n'avait jamais eu intention de faire aucune ordination, l'oratorien se fit réordonner, malgré la décision de la Sorbonne.

Les Oraisons funèbres de Mascaron

ont été recueillies en 1740. On trouve dans cet orateur le nerf de Bossuet, mais il n'a ni son élévation, ni sa chaleur, moins encore la politesse et l'élégance de Fléchier. S'il avait eu autant de goût que l'un et l'autre ; s'il avait su éviter les faux brillants, les antithèses recherchées, il eût pu marcher avec eux d'un pas égal. « Quelquefois, dit » M. Thomas, son âme s'élève ; mais » quand il veut être grand, il trouve » rarement l'expression simple ; sa » grandeur est plus dans les mots que » dans les idées. Trop souvent il re-» tomba dans la métaphysique de l'es-» prit qui paraît une espèce de luxe, » mais un luxe faux, qui annonce plus » de pauvreté que de richesse. On lui » trouve aussi des raisonnements va-» gues et subtils, et l'on sait combien » ce langage est opposé à celui de la » vraie éloquence. »

Il ne faut pas cependant confondre Mascaron avec les orateurs médiocres; en lisant attentivement ses sermons, on y trouve une supériorité très-décidée sur le plus grand nombre de nos prédicateurs modernes, qui ne l'estiment peut-être pas, et qui seraient heureux de lui ressembler.

LIMOGES. — IMPRIMERIE DE BARBOU FRERES.

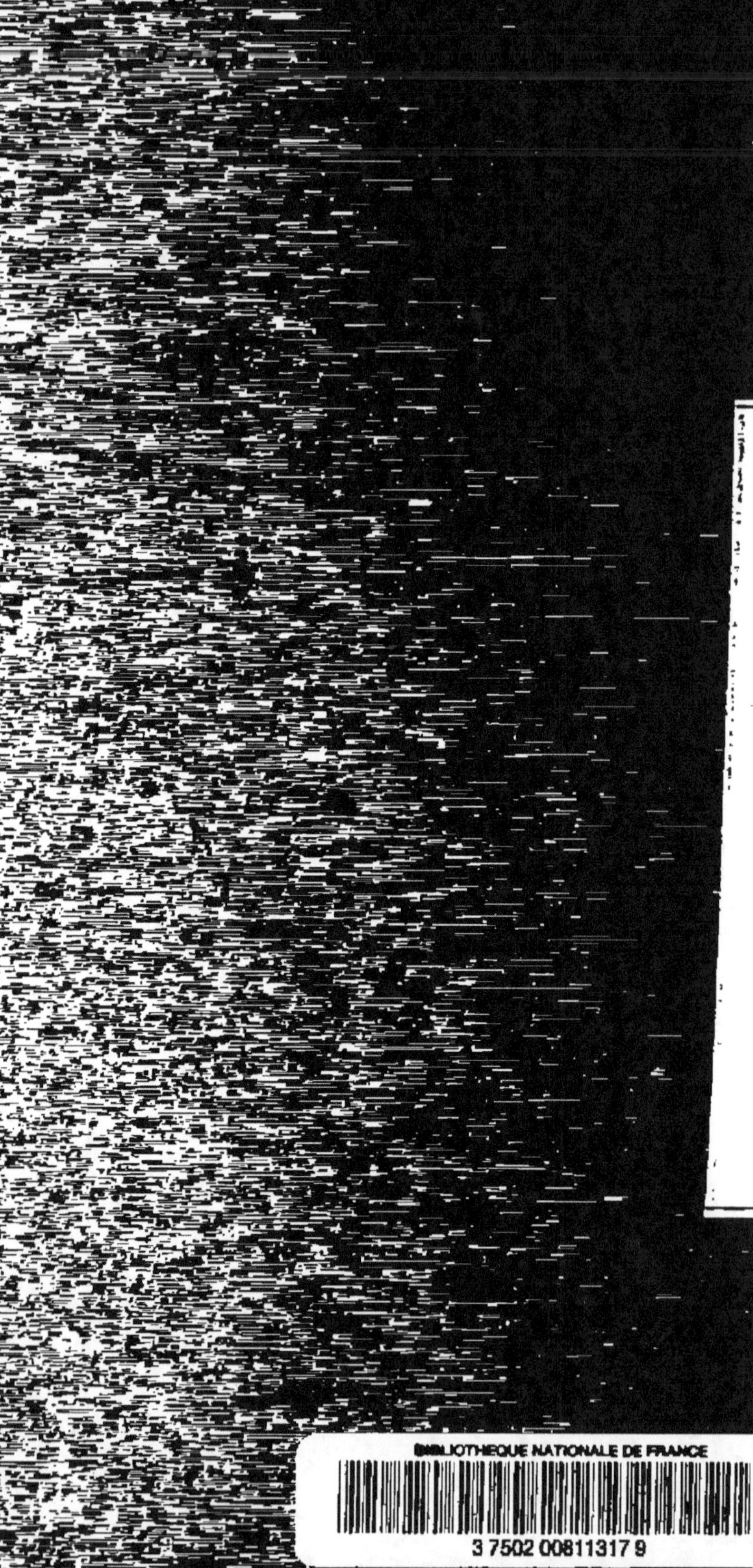